LA BANQUE DE FRANCE

SES DIVIDENDES — SA SITUATION

PARIS

LIBRAIRIE MODERNE DE J. LECUIR ET Cie

17, Boulevard Montmartre, 17

50 CENTIMES. — ENVOI

LA BANQUE DE FRANCE

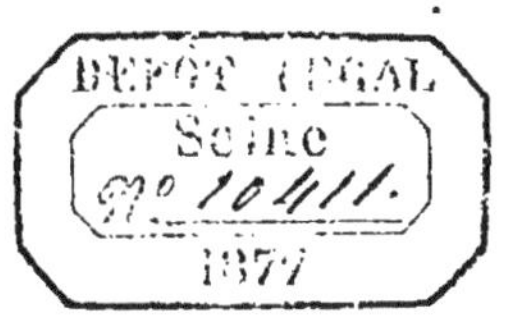

SES DIVIDENDES — SA SITUATION

La presse financière s'est beaucoup occupée, en ces derniers temps, de la diminution persistante des dividendes semestriels de la *Banque de France*.

Les uns en ont attribué la cause à la crise commerciale, et les autres au bon marché des capitaux.

Entraîné dans la discussion et pris à parti, d'une façon insolite, pour une opinion basée cependant sur des chiffres, *à savoir, que la Banque n'aura, pour 1877, que 65 francs de bénéfice liquide et réel*, nous avons, au lieu d'user du droit de réponse, cru préférable de recourir au mode actuel de justification.

Nous entrons de suite en matière, nous réservant de donner d'autres chiffres et d'autres arguments, au cas où ceux qui vont suivre seraient jugés insuffisants; une discussion publique aura l'avantage d'amener infailliblement la clarté désirée par chacun.

I

Le rapport de la Banque du mois de janvier 1877 s'exprime ainsi :

La somme des dividendes a été repartie entre 22,259 actionnaires (après 15,539 en 1871), représentant 182,500 actions sur lesquelles 105,800 appartiennent à des propriétaires ayant la *libre* disposition de leurs biens, et 76,700 à des *mineurs, interdits, femmes mariées et établissements publics.*

On peut donc hardiment soutenir qu'il n'y a que la moitié des actionnaires en mesure d'apprécier la vraie situation de cet établissement de premier ordre.

Dans le rapport de janvier 1874, on répétait aux actionnaires les paroles dites en 1873 :

Il faut défendre soigneusement les actions de la Banque de France, véritable patrimoine des familles, contre ces troubles rapides et profonds qui se font sentir trop souvent dans les *valeurs de spéculation*. Nos réserves n'ont pas d'autre but que de maintenir l'équilibre convenable de nos revenus, et dans les années moins prospères elles vous seront rendues sous la forme de dividendes préservés d'une diminution trop pénible.

Le dividende pour 1873 était de 350 francs par action, après avoir été de 320 francs en 1872 et de 90 francs seulement en 1869.

Le rapport de janvier 1875 fixa la répartition pour 1874 à 285 francs, soit 65 francs de moins.

Nos réserves, disait le rapport, sont sagement maintenues ; non dans la crainte exagérée de nouvelles épreuves que l'avenir, il faut l'espérer, ne nous infligera pas, mais au nom d'une prudence dont ne sauraient se départir les hommes éminents qui se font un devoir, comme un honneur, d'administrer et de sauvegarder les intérêts de la Banque de France.

Le rapport de l'exercice 1875 établit, page 81, que le dividende total s'élève à 200 francs, et que pour pouvoir arriver à ce chiffre on a été forcé d'opérer un prélèvement de 11,300,000 francs sur les réserves.

L'abondance des capitaux disponibles, disait le rapport de janvier 1876, et par suite la diminution du chiffre des escomptes, expliquent suffisamment ce résultat, et nous devons le considérer comme la conséquence naturelle du retour à une situation normale, exclusive tout à la fois de risques et de bénéfices exceptionnels. Jetant un regard en arrière, vous pouvez apprécier aujourd'hui quelle haute prévoyance a présidé à la formation de vos réserves. Cette sage mesure a permis, en outre, d'ajouter un important appoint au dividende qui vient de vous être distribué, comme elle permettra d'atténuer la décroissance de vos produits, si elle devait se prolonger pendant le cours des prochains exercices.

Le dernier rapport, enfin, de l'exercice 1876, fixe la distribution totale à 145 francs ; c'était encore 55 francs de moins qu'en 1875. On y lit :

La Banque de France perd d'excellent papier, qui venait jadis à ses escomptes. Elle en perd encore beaucoup, parce que les banques particulières et les institutions de crédit, regorgeant d'argent à cause des dépôts qu'elles acceptent, font directement leurs opérations en réescomptant le moins possible. Cet état de choses s'est encore plus accentué en 1876, et quelles que soient la prudence et l'habileté des hommes, elles ne peuvent lutter contre la puissance des faits. L'élévation successive de l'impôt du timbre a beaucoup contribué à diminuer le nombre des effets de commerce escomptables. Le commerce et l'industrie trouvent cet impôt trop lourd, de là accroissement considérable des chèques (qui ne s'escomptent pas) et de l'emploi de tous les autres moyens qui, pour le règlement des affaires commerciales, dispensent de l'usage des effets négociables.... Le surcroît des charges qui ont été imposées à la Banque, soit à titre d'impôts, soit pour l'extension rapide et complète de nos comptoirs dans les départements sont autant d'explications absolues de la diminution des dividendes devant lesquelles il faut s'incliner.

Le rapport constate que, pour compléter les 145 francs qui représentent la répartition totale en 1876, on a dû de nouveau prélever 4,370,000 francs sur la *réserve spéciale* de 24,000,000 francs créée en 1872, laquelle, fin décembre 1876, n'était plus que de 17,694,000 francs.

Fin juin 1877, après paiement du premier semestre, arrêté à 51 francs de dividende, cette réserve ne figure plus dans le bilan que pour 12,000,000 francs, soit en tout 65 fr. 75 c. par action.

La somme totale distribuée en dividendes, dans l'espace de cinq ans, s'élève, de 1871 à 1875 (voir le tableau plus loin), à 264,775,000 francs, ou 1,425 francs par action. Dans le même laps de temps, la Banque n'a consacré à la *réserve spéciale* que 24,364,000 francs, ou 133 francs par action. C'est peu, comparativement.

L'action, après avoir atteint la cote de 4,700 francs à la suite de dividendes exceptionnels, est retombée jusqu'à 3,000 francs, et le dividende réellement disponible en 1877, sans qu'on ait besoin de le grossir aux dépens de la réserve spéciale, sera, ainsi que nous le prouvons plus loin avec les chiffres mêmes de la Banque, de 65 francs, dont 51 francs payés en juillet dernier, à l'aide de 5,700,000 francs pris dans la réserve spéciale, soit 31 fr. 25 c. par action.

On a vu plus haut que le Conseil a souvent insisté, dans ses rapports, sur la nécessité de protéger le titre de la Banque, « un patrimoine ! » Nous avons le regret de constater qu'il n'a pas entièrement atteint le but qu'il visait et qu'il s'est laissé trop facilement éblouir par les brillants résultats d'une époque tout à fait et passagèrement exceptionnelle.

Si le Conseil avait tenu compte de la décroissance graduelle de la valeur de l'argent, tombée jusqu'à 2 1/2 0/0 en 1869, où le dividende ne fut que de 90 francs ; s'il s'était rappelé que les frais d'administration ont doublé ; s'il n'avait, comme conséquence, autorisé qu'une répartition ne dépassant jamais 200 francs, la Banque posséderait encore aujourd'hui une réserve spéciale de 500 francs environ par action, et le prix de celle-ci n'aurait pas éprouvé des variations et des pertes aussi fréquentes.

Si les *mineurs*, les *interdits*, les *femmes mariées*, toutes personnes intéressantes, avaient, en 1872, employé leur patrimoine en rente 5 0/0, même au plus haut, à 91.25, au lieu de débourser 4,700 francs pour une action de la Banque, ils posséderaient aujourd'hui un capital de 5,150 francs ou 257 francs de rente 5 0/0, représentant à l'heure actuelle à raison de 106 francs, 5,459 francs, tandis que l'action de la Banque ne vaut plus que 3,000 francs avec un dividende réel, en 1877, ne s'élevant qu'à 65 francs, contre 257 francs en rentes 5 0/0.

D'ailleurs, *aucune* entreprise financière ne devrait être accessible à titre de refuge à des capitaux interdits ou à des personnes qui ne peuvent suivre et surveiller utilement les fluctuations d'un placement de cette nature.

Les profits et pertes varient constamment, les risques sont souvent grands, et, en tout cas, des valeurs de ce genre doivent *rendre beaucoup plus que les rentes sur l'État ;* en ce moment *ce n'est pas* le cas pour l'action de la Banque de France. En Angleterre, le 3 0/0 vaut 96 0/0 ; la Banque d'Angleterre, à raison de 10 0/0 de dividende pour un cours de 250, rend 4 0/0, soit 1 0/0 de plus que le 3 0/0. En Italie, la rente rend 5 1/2 net ; la Banque d'Italie vaut 200 0/0 pour 13.33 0/0 de dividende, c'est 6.67 0/0 ou 1 1/4 de plus. En Autriche, en Allemagne, la proportion est la même qu'en Angleterre.

Voici à quel taux variable, mais élevé, fut capitalisée l'action de la Banque de France, immédiatement après la guerre :

	Cours moyen.	Dividendes.	C'est du
1870	2.600	114	4.38 0/0
1871	3.075	270	8.76 0/0
1872	4.090	320	7.82 0/0
1873	4.290	350	8.15 0/0
1874	3.910	285	7.28 0/0
1875	3.875	200	5.17 0/0
1876	3.670	145	3.95 0/0
1877	3.000	65?	2.16 0/0

On remarquera que les cours de 1871 et 1877 sont les mêmes, mais que les dividendes ne se ressemblent en aucune façon.

En ce qui concerne le taux de capitalisation d'avant la guerre, il variait entre 4 1/2 et 8 0/0 (1).

II

La capitalisation élevée en ce moment, pas même 3 0/0 l'an, s'explique par plusieurs raisons : par les dividendes exceptionnels de la période précédente, par les illusions qu'ils ont fait naître, illusions qu'une insouciance bien légère continue à entretenir ; enfin, par le fait qu'il n'y a qu'un très-petit nombre d'actionnaires exactement au courant de la situation pénible que l'avenir réserve de nouveau à la Banque.

Nous disons *de nouveau*, parce que les dividendes si maigres en 1868 l'eussent été encore plus si la guerre de 1870 ne fût venue changer

---

(1) Citons quelques chiffres comparatifs :

Banque					
Banque de France	182,500,000 fr.	6.50 0/0 ?	3,000 pour	1,000 fr.	300 0/0
» d'Angleterre	363,000,000 »	10.— 0/0	250 —	100 £.	250 0/0
» d'Allemagne	150,000,000 »	6.12 0/0	155 —	100 m.	155 0/0
» d'Autriche	225,000,000 »	7.50 0/0	772 —	600 fl.	130 0/0
» d'Italie	150,000,000 »	13.33 0/0	1,500 —	750 lir.	200 0/0
Banque Ottomane	125,000,000 »	16 0/0 en moyenne 125 —		250 fr.	50 0/0

Au capitaliste à qui il reste des capitaux à placer à titre de spéculation passagère exclusivement, nous recommandons la Banque Ottomane. L'ordre financier peut se rétablir en Turquie facilement, et du même coup, la Banque Ottomane, avec ses priviléges et sa situation redevenue excellente, se rapprocher de nouveau de son ancien prix de 835 francs maximum. En 12 ans, elle a distribué 479 francs, soit 40 francs par an ou 16 0/0. Le rétablissement de la paix lui assurera des dividendes encore plus élevés.

et la face des choses et la valeur des dividendes. De 2 1/2 0/0 en 1869, l'escompte montait à 7 0/0 et il fallait six ans à la France pour absorber le papier créé à la suite de la guerre et nous ramener ensuite à ce bon marché des capitaux tant redouté déjà avant la guerre. L'escompte est de nouveau, et cela malgré le développement continu de notre commerce étranger depuis 1869, tombé à 2 1/2 0/0 et même à 2 0/0. Ce taux n'a jamais été connu à la Banque de France; le plus bas fut 2 1/2 0/0, de 1867 à 1870. Lorsqu'on l'abaissa à 2 0/0 le 5 avril dernier, le portefeuille se montait à 367 millions de francs, et il n'était que de 373 millions six mois plus tard, le 6 septembre. Ainsi l'abaissement n'a pas profité à la Banque, mais aux escompteurs seuls !

Voici un aperçu du résultat, désastreux pour la Banque de France, qu'amena la chute graduelle de l'escompte à 2 1/2 0 '0 en 1869, calamité qui se reproduit une fois de plus aujourd'hui, mais d'une façon plus intense :

	Commerce étranger.	Portefeuille. Moyenne.	Escompte moyen.	Dividende.
	Millions.	Millions.	0/0	Francs.
1864	5.068	643	6.50	200
1865	5.729	601	3.72	154
1866	5 973	658	3.67	156
1867	5.851	529	2.71	107
1868	6.092	460	2.50	90
1869	6.227	574	2.50	107
1877	7.500	398 30 sep. 2. »		65

On remarquera qu'en 1864, le commerce étranger était représenté par un chiffre de 5,068 millions, le Portefeuille par 643 millions, tandis qu'en 1877, le commerce est monté à 7,500 millions, et le Portefeuille descendu à 398 millions, au 30 septembre dernier !

Toute proportion gardée, le portefeuille devrait être, à l'heure qu'il est, d'un *milliard* au moins. Cette circulation commerciale existe cependant; mais elle a oublié depuis longtemps le chemin de la Banque de France et ce sont les Banques privées qui l'ont accaparée. Nous donnons de celles-ci le tableau qui suit. On y trouvera la preuve d'une activité et d'une prospérité extrèmement réjouissantes.

III

Il ne peut pas faire le moindre doute que la situation florissante dont jouissent les banques privées n'en fasse éclore d'autres. Au lieu de six, elles seront peut-être quinze dans cinq ans. Ce qui se fait à Paris se répète en province, où d'ailleurs existent déjà de nombreuses concurrentes de la Banque de France.

On sait que les chèques ont provoqué et continuent à provoquer la création de banques privées dans tous les pays. Or la popularisation du chèque en France n'est encore qu'à ses débuts, si on considère l'Angleterre (1).

Pour ce qui concerne la Banque de France, un développement plus considérable de l'usage parmi nous de cet instrument d'échange n'aurait qu'un résultat : favoriser l'éclosion d'une multitude de banques nouvelles qui viendraient absorber encore d'autres capitaux considérables et dont les chèques feraient refluer le billet de banque aux guichets de la Banque de France, ainsi que cela s'est passé en Angleterre. La circulation fiduciaire de la Banque de France, dont le cours forcé cessera le 1er janvier 1878, s'élève encore à 2400 millions, pour un chiffre afférent au commerce étranger de 7500 millions; tandis que la circulation de la Banque d'Angleterre varie entre 5 à 700 millions de francs seulement malgré un commerce étranger se chiffrant par 14,350 millions de francs. La circulation des billets de banque va diminuer lentement, mais constamment. Ainsi, au fur et à mesure que se consolidera le profond changement survenu depuis quinze ans dans les habitudes financières de notre pays à la suite de la création des banques de dépôts à Paris et dans la province, s'augmentera infailliblement la *probabilité*, pour ne pas

---

(1) M. Inglis Palgrave, dans son travail sur les Banques en Angleterre, établit qu'il y a à *Londres* 58 banques *privées*, ayant un encaisse de 2,630 millions de francs, des dépôts pour 3,340 millions, un portefeuille s'élevant à 3,250 millions et des réserves, non distribuées, se montant à 285 millions, sur un capital d'actions versé, de 784 millions de francs. L'encaisse des Banques *privées* dans la *province* s'élève à 6,100 millions de francs. Les *Sociétés d'Escompte* ont un encaisse évalué à 2,200 millions de francs. Le nombre des banques et des succursales est : en Angleterre, 1,735; en Ecosse, 835, en Irlande, 385; au total, 2,955. La Banque de France a 76 succursales, la Société générale autant, etc., etc.

dire la *certitude*, de voir les capitaux, l'argent, devenir encore bien meilleur marché qu'en 1869 et à l'époque actuelle, sauf à de courts intervalles de crises passagères.

Un autre fait vient à l'appui de cette prévision. La France, se gouvernant désormais par elle-même, n'aura plus de guerres dynastiques à subir sur le sol étranger. Nos précédents gouvernants avaient emprunté en moyenne, de 1816 à 1872, 314 millions par an, 17,879 millions en tout. Une partie des 314 millions était allée à l'étranger, et le total avait enlevé au marché, année par année, le capital inemployé. Les trois derniers emprunts de guerre (1870, 1871 et 1872.) ont à eux seuls fait entrer au Trésor 6,595 millions, répartis sur une période de cinq ans, soit 1,319 millions par an, dont on a drainé le marché. Il n'est donc pas étonnant ce que l'argent ait valu cher de 1870 à 1874 et qu'il ne soit aujourd'hui qu'à un prix infime en l'absence du drainage habituel. Ce commencement d'abondance a tout simplement compromis très-gravement les revenus auxquels était habitué notre premier établissement financier.

Une troisième cause, enfin, empêchera, dans une certaine mesure, le papier escomptable d'affluer à la Banque de France, c'est la crise politique actuelle, qui menace de ne pas prendre fin de sitôt. Or les opérations de longue haleine qui font éclore en grande quantité le papier escomptable ne sont possibles qu'en temps de tranquillité absolue.

Ces raisons multiples : opérations d'escompte de plus en plus importantes que font les banques privées, entassement des capitaux dans les caisses de ces dernières contre bonification d'un intérêt modique, chose que ne peut se permettre la Banque de France, enfin absence absolue de bénéfices extraordinaires, tous ces faits si regrettables pour elle, la Banque de France aura à les constater de nouveau dans son rapport en janvier prochain.

En effet, tout est changé, et tout est changé en pire pour elle et pour ses actionnaires. Quand on parcourt l'histoire financière du passé de la Banque de France (1), à partir de 1803, presque à chaque année

---

(1) *Banque de France.* — Siège social : rue Croix-des-Petits-Champs, à Paris. — La Banque de France, constituée par acte en date du 24 pluviôse an VIII (13 février 1800), au capital

on ne rencontre que des opérations fructueuses avec les gouvernements déchus, qui, toujours endettés, n'avaient pour venir à leur secours que la Banque de France. Les gros bénéfices en résultant venaient tous les

---

de 30 millions, émettait des billets payables au porteur et à vue, mais concurremment avec d'autres institutions semblables (la *Caisse d'escompte du commerce*, le *Comptoir commercial*, la *Factorerie*, etc.). La loi du 24 germinal an XI (14 avril 1803) restreignit ce privilége à la Banque de France, qui, à cette occasion, porta son capital à 45 millions ; un comité central de trois personnes choisies parmi quinze régents, nommés eux-mêmes par les actionnaires, était chargé de la direction de la Banque. La loi du 22 avril 1806, en substituant au comité central des trois régents trois gourverneurs nommés par le gouvernement, fit de la Banque une institution semi-gouvernementale et semi-particulière; commanditée par les particuliers, dirigée par l'État, telle est la forme sous laquelle elle fonctionne depuis près de trois quarts de siècle.

La loi du 14 avril 1803 lui accorda un privilége de 15 ans, à partir du 24 septembre 1803; celle du 22 avril 1806 l'augmenta de 25 ans, soit en tout 40 ans; les lois des 30 juin 1840 et 9 juin 1857 le prolongèrent, la première jusqu'au 31 décembre 1867, et la seconde jusqu'au 31 décembre 1897.

Le capital, d'abord de 30 millions, comme nous avons vu, fut porté à 45 millions par la loi du 24 germinal an XI; la loi du 22 avril 1806 le fixa à 90 millions divisés en 90,000 actions de 1,000 fr.; mais des rachats montant à 22,100 actions l'avaient réduit de fait à 67,900 actions; au moment de la révolution de Février, l'adjonction des banques départementales, en substituant, franc pour franc, des actions de la Banque de France aux actions de ces banques locales, l'augmenta de 23.350 actions et le porta ainsi à 91,250.000 fr. En vertu de la loi du 9 juin 1857 et grâce à l'émission de 91,250 actions à 1,100 fr. (1,000 fr. portés au compte de capital et 100 fr. au compte de réserve), il monte actuellement à 182.500,000 fr., divisés en 182,500 actions libérées de 1.000 fr. chacune. Le produit de la dernière émission a été versé jusqu'à concurrence de 100 millions dans les caisses du Trésor contre une rente 3 0/0 de 4 millions, dont la Banque est définitivement devenue propriétaire.

Les actions de la Banque sont nominatives. On délivre au titulaire une inscription attestant sa propriété. Le transfert s'opère en double à la Banque sur des registres à ce destinés. Les signatures des cédants ou de leurs fondés de pouvoirs sont certifiées par agents de change.

La loi du 24 germinal an XI fixa à 500 fr. la moindre coupure des billets de banque : celle du 10 juin 1847 la limita à 200 fr., et le décret du 15 mars 1848 l'abaissa à 100 fr.; la loi du 9 juin 1857 autorisa la Banque de France à créer le billet de 50 fr.; mais ce ne fut qu'en 1864 qu'elle se décida à le livrer au public. La loi du 12 août 1870 autorisa la Banque à mettre en circulation la coupure de 25 fr., qu'elle ne tarda pas à créer; mais ce billet fut, peu après, remplacé (décret du 12 décembre 1870) par celui de 20 fr. et suivi un an plus tard (loi du 29 décembre 1871) des coupures de 10 fr. (non émises encore), et de 5 fr. assez abondamment répandues. La Banque a en outre créé des billets de 5,000 fr. (presque tous retirés, il est vrai, de la circulation); de sorte que maintenant les coupures de billets de la Banque de France en circulation sont, la coupure de 5,000 n'existant plus, à vrai dire, pour la circulation publique, de 50, 100, 200, 500 et 1,000 francs.

Les opérations de la Banque n'étant pas précisées dans la loi du 24 germinal an XI, les statuts du 16 janvier 1808 les limitèrent à l'escompte, aux recouvrements, aux comptes courants et aux dépôts volontaires. La loi du 14 mai 1834 a autorisé la Banque à prêter sur fonds publics français à échéance non déterminée (les rentes). Les décrets des 3 et 28 mars 1852 l'ont autorisée à prêter sur actions et obligations de chemins de fer, ainsi que sur les obligations de la ville de Paris; un arrêté du 26 mars 1848 l'avait autorisée à accepter, comme troisième signature, les récépissés de dépôts de marchandises (*warrants*). La loi du

ans aider à grossir les maigres dividendes provenant des escomptes devenus aujourd'hui à leur tour son unique ressource.

Mais actuellement, sous la République, il n'y aura plus, pour la

---

9 juin 1857 l'a enfin autorisée à avancer sur dépôts d'obligations du Crédit foncier, et un décret impérial de 1868, sur dépôt d'obligations de la Société algérienne. Le même décret autorisait la Banque de France à étendre le bénéfice d'acceptation, comme troisième signature, à l'ensemble des valeurs sur lesquelles elle fait des avances.

La Banque a, sous forme de compte courant ouvert au Trésor public, aidé fréquemment le ministère des finances dans ses moments d'embarras; depuis 1848, un prêt primitivement élevé à 150 millions (décret du 5 juillet 1848 et loi du 19 novembre 1849). et réduit depuis à 75 (loi du 6 août 1850), a été renouvelé par décret du 3 mars 1852 sur les bases suivantes: l'intérêt est le même que celui de l'escompte du papier de commerce, sans toutefois excéder 4 0/0; des bons du Trésor. en quantité égale au montant du prêt. sont délivrés en nantissement à la Banque de France; le remboursement devait s'effectuer par année. le 1ᵉʳ juillet, et par somme de 5 millions. à partir du 1ᵉʳ juillet 1853. Il ne s'est opéré que jusqu'en 1862. A partir. même. de cette année le prêt à l'État remonte de 20 à 60 millions. sans que nous puissions spécifier pourquoi et à quelles conditions, le traité de 1857 n'ayant jamais été publié. Actuellement il est encore de 60 millions.

En outre. en 1870-71, la Banque a consenti à l'État un prêt sur bons du Trésor. Ce prêt. qui a dépassé 1.300 millions comme importance totale, fut d'abord à 6 0/0, puis (à partir du 1ᵉʳ janvier 1871) à 3 0/0. Depuis le 1ᵉʳ janvier 1872. il est à 1 0/0. Les conditions de remboursement sont, à peu près, à la disposition du Trésor. bien que l'on ait inscrit dans la loi 200 millions par an.

Divers autres prêts à la ville de Paris, à la ville de Marseille, au département de la Seine. ont été autorisés. mais sont actuellement remboursés ou à peu près.

La Banque ne reçoit pas des effets de toute échéance; elle a toujours eu une limite maximum variable.

Jusqu'à la loi du 9 juin 1857. la Banque de France était soumise au droit commun. quant à la limite maximum du taux de son escompte (6 0/0); depuis cette date elle peut dépasser 6 0/0, mais le produit de cet excédant d'escompte est porté en addition à son capital social. (Actuellement ces excédants forment une réserve spéciale de 8.002.313 fr.)

La Banque devait, dans l'esprit des statuts du 16 janvier 1808. créer des comptoirs dans les principales villes de France. C'est ce qu'elle fit pour les villes de Lyon (24 juin 1808), de Rouen (dito) et de Lille (29 mai 1810); le défaut d'affaires la contraignit bientôt de fermer ces comptoirs (1817). Depuis cette époque jusqu'en 1848, un double système fut usité ; des banques locales. indépendantes de la Banque de France, s'établirent dans les grandes villes. et des comptoirs administrés par la Banque de France dans les villes secondaires. Alger voulut allier les deux systèmes, et une banque, dans laquelle les capitaux particuliers et ceux de la Banque de France seraient admis concurremment. fut projetée ; mais cette tentative n'eut pas de suite, par suite des événements politiques de 1848.

Au moment de la révolution de 1848, il existait ainsi neuf banques libres départementales et quinze comptoirs (outre l'établissement central de Paris) relevant de la Banque de France. Aussitôt la révolution de février, les événements forcèrent le gouvernement à accorder à la Banque de France l'autorisation de ne pas rembourser ses billets, sauf à en limiter la circulation à la somme de 350 millions; même autorisation fut accordée aux banques départementales, par décret du 25 mars 1848. et la limite totale de la circulation de ces dernières fut arrêtée à 102 millions; de plus. ces billets eurent (tant à Paris qu'en province) cours forcé dans la circonscription du département où chacune de ces banques avait son siège ; pour la Banque de France. bien que le décret du 15 mars 1848 soit peu explicite à cet égard, la circulation forcée fut étendue à toute la France.

Banque, ni priviléges, ni faveurs ; plus d'avances et plus d'emprunts. Les derniers 310 millions de bons du Trésor que lui doit encore l'État, seront remboursés en 1878 et 1879, et avec eux disparaîtra une autre source certaine de bénéfice, qui, en 1877 a atteint le chiffre de 3 millions, après 26 millions en 1871. Rien n'indique encore pour un avenir prochain de nouvelles opérations rémunératrices entre l'État et la Banque, l'ordre financier de l'État étant rétabli définitivement.

Les statuts, qui datent de 1806, permettent à la *Banque* un nombre d'opérations de banque si restreint qu'elle n'a pas plus de chances d'existence que le *Crédit foncier* avec les seuls prêts hypothécaires. Une preuve entre mille. Les simples frais administratifs de la Banque, à raison de 14,700,000 fr. par an, s'élèvent par semaine à 283,500 fr.

Or, avec un portefeuille de 442 millions, on ne constatait pour la semaine du 12 juillet dernier qu'un bénéfice de 171,000 francs (voir le Bilan); le 26 juillet, 140,000 francs seulement; le 23 août, 159,000 francs; le 30 août, 134,000 francs, c'était le plus bas. Il en pourrait être de même en 1878.

Les Banques privées, par contre, ont une situation tout autrement

---

Peu après, sous l'impression des difficultés momentanées de ces systèmes et aussi en vue de faciliter au besoin des ressources, le gouvernement décréta la réunion des banques départementales à la Banque de France, dont le capital monta alors, de 67,900,000 francs à 91,250.000 fr.; la limite légale des billets en circulation de la Banque et de toutes ses succursales atteignit alors 452 millions. Plus tard, la loi du 22 décembre 1849 recula cette limite à 525 millions.

La loi du 6 août 1850 fit rentrer la Banque de France dans la légalité économique en faisant cesser le cours forcé, et n'autorisa plus la Banque à ne pas rembourser ses billets en espèces.

Les événements de 1870 ont fait rétrograder la Banque de France jusqu'au système du cours forcé. La loi du 12 août 1870 l'a autorisée à ne pas rembourser ses billets en même temps qu'elle donnait cours légal à ce papier et en limitait à 1,800.000,000 fr. l'émission totale. La loi du 14 août suivant porta cette limite à 2,400,000,000, et celle du 29 décembre 1871 à 2,800,000,000. En vertu enfin de la loi du 15 juillet 1872, la circulation peut aller jusqu'à 3,200,000,000 francs.

La loi du 9 juin 1857 a donné au gouvernement le droit, dix ans après la promulgation de cette loi, d'exiger de la Banque de France l'établissement d'une succursale au moins dans les départements qui n'en posséderaient pas ; mais l'autorité impériale s'est bien gardée de requérir pour le public le bénéfice de cette clause. Depuis, la loi du 12 février 1873 a exigé la mise en activité de dix succursales au moins avant le 1er janvier 1875, de sept avant le 1er janvier 1876, sept autres enfin avant le 1er janvier 1877, sur les vingt-cinq nécessaires à établir pour que tout département en contienne une au moins. Les décrets d'institution devront tous être rendus avant le 1er juillet 1874.

A la fin de 1876 il restait encore à établir 13 succursales; 76 ont été en fonctions à la même date.

favorable : elles peuvent se mouvoir librement. Avant leur formation, la Banque de France servait encore d'intermédiaire à des émissions de valeurs de toute nature. C'est ainsi qu'elle se chargea, en 1858, de l'émission de 617,000 obligations des Compagnies réunies ; en 1859, de 882 000 ; en 1860, de 1,023,000, et en 1861, de 786,000 obligations. Les statuts n'autorisaient pas une opération de ce genre; mais les dividendes s'en trouvèrent bien.

De toutes les opérations fructueuses d'autrefois, il ne lui reste aujourd'hui absolument rien. Plus d'émission d'obligations, plus d'emprunts, — nous sommes en République, — plus de Bons du Trésor, un peu d'escompte à 2 0/0, quelques avances, des titres à garder, un travail gratuit à faire pour débrouiller 41 milliards de mandats et virements, et enfin pour encaisser, non sans risques, mais toujours gratuitement, 3,970,000 effets dans Paris ! Il est évident que les dividendes futurs auront à souffrir cruellement d'un si triste état de choses : — bénéfices nuls et frais considérables.

Son plus gros, son plus pur bénéfice, ce sont actuellement les revenus des rentes 5 et 3 0/0 qu'elle possède. Elles proviennent du doublement du capital en 1857 et de l'emploi des réserves. Ces rentes donnaient en 1875, 9,878,030 francs, mais à la fin de 1877 elles seront réduites à 9,400,000 francs environ, par suite de la réalisation de rentes pour payer le complément des dividendes en 1875, 1876 et le premier semestre de 1877. Dans le cas où, prochainement, la réserve spéciale serait entièrement sacrifiée pour payer des dividendes non gagnés, le chapitre des rentes baisserait à 8,700,000 francs. Encore ce chiffre-ci, lui-même, n'est-il pas à l'abri d'une nouvelle diminution, à cause de la réduction probable de la dette 5 0/0 en 4 0/0 lors de l'avénement des deux chambres républicaines, qui y seraient encouragées par la réussite de la réduction du 5 0/0 anglais en 4 0/0 d'abord, et en 3 0/0 ensuite, et de celle des dollars 6 0/0 en 5 et 4 0/0. Or, la Banque possède beaucoup de 5 0/0 parmi les rentes dont nous parlons plus haut.

Ce fait, que la Banque trouve son bénéfice le plus clair dans la rente, doit suggérer à l'actionnaire de la Banque le raisonnement qui suit : Du moment que l'époque des dividendes brillants est passée et que la modique répartition qui m'est faite provient en majeure partie des rentes qui constituent le portefeuille de la Banque, pourquoi ne pas faire comme elle, c'est-à-dire employer mon argent en rente en convertissant un titre de la Banque valant 3000 francs en rente 3 ou 5 0/0, et toucher intégralement le revenu des rentes d'environ 150 francs par an au lieu de 65 francs de dividende gagné net, sans avoir à partager ces 150 francs avec 2,000 partenaires involontaires, c'est-à-dire avec plusieurs gouverneurs, avec les 1,613 directeurs et employés et les 600 auxiliaires de la Banque?

IV

Si les bénéfices sont très-minimes, par contre, les frais d'administration sont très-élevés. Il va sans dire que nous ne nous écarterons pas de notre point de vue financier et que nous ne nous permettrons pas de critiquer soit les installations, soit les rémunérations. Au Conseil appartient d'y introduire des réformes. Si les frais ne retombent pas au niveau de ceux des autres établissements financiers, les actionnaires seront les premiers à en souffrir. Nous devons seulement constater ici que les dépenses ont augmenté dans des proportions de nature à inspirer de sérieuses alarmes aux actionnaires et nous en fournissons la preuve par les chiffres suivants, tirés des rapports annuels:

	CAPITAL	FRAIS D'ADMINISTRATION		ESCOMPTE	DIVIDENDE GAGNÉ
		TOTAL	PAR ACTION		
	FR.	FR.	FR. C.		FR. C.
1820	90.000.000	912.000	10 10	4 0/0	64 50
1830	67.900.000	1.021.000	15 »	4 0/0	64 »
1848	91.250.000	2.010.000	22 20	4 0/0	75 »
1858	182.500.000	5.564.000	30 50	3 69	114 »
1868	182.500.000	7.671.000	42 »	2 50	90 »
1877	182.500.000	14.741.000	80 80	2 0/0	65 »

Ainsi, l'exercice 1877, comparé avec celui de 1858, équivaut pour l'actionnaire à la perte d'un revenu de 50 francs par action, et cela rien que pour des frais supplémentaires : 114 francs touchés en 1858, pour 64 francs en 1877.

Fait encore plus désolant : Depuis 1820, le *dividende* dépassait les frais de 50 à 80 francs par action ; en 1877, ce sont les *frais* qui dépassent le dividende de 15 francs ! Tout est donc réellement changé et changé au pire. Mais ceux qui emploient leur patrimoine, leurs revenus en actions de la Banque à 3,000 francs, le savent-ils ? Assurément ils n'en ont pas conscience.

Les dépenses, comparées avec les bénéfices, sont en telle disproportion, qu'on peut hardiment dire que la Banque de France travaille pour ses frais. Ceux-ci sont de 14,741,000 francs, comme en 1876 ; les produits se montent à 9 millions d'escompte, avances 3, et divers 2 1/2 millions, total 14 1/2 millions. Il ne reste plus à la Banque pour payer l'intérêt des actions que ce que produisent les Rentes lui appartenant et les 310 millions de Bons du Trésor, qui eux-mêmes disparaîtront en 1878 et 1879.

Ces chiffres authentiques sembleront peut-être à un très-grand nombre de lecteurs ou actionnaires tout à fait invraisemblables. Aussi, nous hâtons-nous de leur soumettre le tableau contrôleur qui suit. Est-il nécessaire d'affirmer ici que nous n'avançons que des chiffres officiels, faciles à vérifier ? Avant d'arriver au tableau, résumons ici les différentes réserves de la Banque, afin que l'on sache bien que la réserve distribuable au-dessus de 60 francs par action ne monte plus qu'au chiffre de 12,000,000 francs, soit 65 fr. 75 c. par action, — un rien.

RÉSERVES DE LA BANQUE DE FRANCE.

Bénéfices en addition du capital provenant des bénéfices au-dessus du taux d'escompte à 6 0/0. Cette réserve ne peut être répartie sous forme de dividendes . . . . *A reporter* . Fr.   8.002 313

Report. . . . . . Fr. 8.002.313

Réserves mobilières :

Loi du 17 mai 1834. — La réserve sera de 10,000,000 francs, placée en 500,000 francs de Rentes 5 0/0. La Banque peut répartir tous ses bénéfices et au besoin puiser dans cette réserve de quoi payer 6 0/0 aux actions (60 francs par titre). Elle doit, toutes les fois que la réserve a été entamée, la reconstituer avec les bénéfices dépassant 6 0/0. . . . . Fr. 10.000.000

    Réserve provenant des *Banques départementales.* 2.980.750

    Loi du 9 juin 1857. — Doublement du capital par l'émission de 91,250 actions annuelles à 1,100 francs, dont 100 francs mis en réserve. 9.125.000

    Réserve immobilière. 4.000.000

Total de la réserve répartible seulement quand le dividende n'atteint pas 60 francs.——————— 26.105.750

Réserve spéciale provenant des bénéfices exceptionnels en 1871 et 1872, réduite, au 30 juin 1877, à . . . Fr. 12.000.000 ou 65 fr. 75 c. par action, après avoir été, en 1872, au plus haut à 24,364,000 francs.

    Réserve pour effets prorogés et en souffrance 6.897.164

TOTAL. . . Fr. 53.005.227

Voici le tableau dont nous parlions plus haut et qui résume les exercices de 1858 à 1876 :

ANNÉE	COMMERCE EXPORTATIONS, IMPORTATIONS	SEMESTRE	SUCCURSALES	ÉTAT (*Actif*) à la fin DES DEUX SEMESTRES			TAUX D'ESCOMPTE (moyenne)	PRODUITS BRUTS (*Voir le tableau 2 des Comptes-rendus.*)					TOTAL VOIR : BANQUE (TABLEAU 2)
				PORTEFEUILLE	BONS DU TRÉSOR	AVANCES		EFFETS	BON DU TRÉSOR	AVANCES	DIVERS	RENTES APPARTENANT A LA BANQUE	
	Millions			Millions	Millions	Millions	0/0.	Millions	Millions	Millions	Millions	Millions	Francs
1858	—	I	45	394	0	134	3.69	—	—	—	—	—	—
	3449	II	45	416	0	112	3.69	16.²	0.⁰	4.²	1.⁷	3.⁷	25.896.000
1868	—	I	60	414	0	110	2.50	—	—	—	--	—	—
	6092	II	60	494	0	129	2.50	11.⁷	0.⁰	3.²	2.⁰	7.⁹	24.787.000
1869	—	I	61	560	0	109	2.50	—	—	—	—	—	—
	6227	II	61	597	0	130	2.50	14.⁷	0.⁰	3.¹	1.⁹	8.⁷	28.457.000
1870	—	I	61	558	0	99	4.65	—	—	—	—	—	—
	5659	II	61	—	—	—	4.65	28.⁷	0	5.¹	3.¹	8.⁷	45.955.000
1871	—	I	61	750	1.193	159	5.71	—	—	—	—	—	—
	6438	II	61	728	1.187	100	5.71	22.³	25.⁹	7.⁷	57.⁷	8.⁷	122.433.000
1872	—	I	64	552	1.300	106	5.17	—	—	—	—	—	—
	7331	II	64	1.012	1.277	122	5.17	11.⁷	12.⁹	4.⁸	7.⁷	8.⁵	75.560.000
1873	—	I	65	954	1.228	135	5.15	—	—	—	—	—	—
	7341	II	65	1.135	1.027	135	5.15	52.⁷	13.³	7.³	6.⁷	8.⁵	85.144.000
1874	—	I	68	731	897	121	4.26	—	—	—	—	—	—
	7248	II	68	809	857	109	4.26	35.⁵	10.⁷	5.⁹	5.⁴	9.⁶	67.345.000
1875	—	I	74	504	746	104	4. »	—	—	—	—	—	—
	7408	II	74	638	556	97	4. »	22.⁹	7.⁰	5.¹	2.⁸	9.⁹	47.782.000
1876	—	I	76	441	476	84	3.40	—	—	—	—	—	—
	7520	II	76	491	338	105	3.40	15.³	4.³	3.⁵	3.⁰	9.⁷	35.843.000
1877	—	I	—	463	338	117	2.53	—	—	—	—	—	—
	7500	II	Moyen⁰	420	310	132	2. »	9	3	3	2.⁵	9.⁵	27.000.000

2.

DÉPENSES administratives et TIMBRE		BÉNÉFICES NETS sans les rentes appartenant à la Banque.	RÉPARTI aux 182,500 ACTIONS			EXERCICE	RÉSERVES			EMPLOYÉS	VARIATIONS DU TAUX D'ESCOMPTE
SOMMES	PAR ACTION	VOIR RAPPORT DU CENSEUR	SOMMES	PAR ACTIONS	TOTAL PAR AN		SPÉCIALE	EFFETS PROROGÉS	IRRÉPARTIBLE		
Francs	Francs.	Francs	Francs	Francs	Francs	—	Millions	Millions	Millions	—	0/0
—		—	—	66	—	—	—	—	—	—	—
5.564.000	30.50	17.120.000	20.805.000	48	114	1858	0.0	0.0	33.1	?	3 à 4 1/2
—		—	—	45	—	—	0.0	0.0	33.1	—	—
7.671.000	42 »	8.767.000	16.425.000	45	90	1868	0.0	0.0	33.1	1291	2 1/2
—		—	—	51	—	—	0.0	0.0	33.1	—	—
7.650.000	41.90	10.827.000	19.527.000	56	107	1869	0.0	0.0	33.1	1314	2 1/2
—		—	—	54	—	—	0.0	0.0	33.1	—	—
8.073.000	44.30	27.945.000	20.805.000	60	114	1870	0.0	0.0	33.1	1321	2 1/2 à 6
—			—	70	—	—	0.0	26	33.1	—	—
16.121.000	88.30		59.275.000	200	270	1871	24.3	14.0	33.1	1373	5 à 6
—			—	150	—	—	24.3	14.0	33.7	—	—
14.335.000	78.50	53.982.000	58.100.000	170	320	1872	24.3	14.0	33.7	1457	5 à 6
—			—	170	—	—	24.3	8.1	33.8	—	—
17.017.000	93.20	60.361.000	65.850 000	180	350	1873	24.3	8.1	33.8	1515	5 à 7
—			—	160	—	—	24.3	6.5	34.1	—	—
16.293.000	90.50	45.400.000	53.621.000	125	285	1874	24.3	6.5	34.1	1592	4 à 5
—			—	109	—	—	24.3	4.9	34.1	—	—
14.365.000	79.80	24.144.000	37.629.000	100	200	1875	22.0	9.9	34.1	1598	4 0/0
—			—	85	—	—	20.7	9.0	34.1	—	—
14.741.000	80.80	13.212.000	27.281.000	60	145	1876	17.7	6.9	34.1	1613	3 à 4
—			—	51	—	—	12.0	6.9	34.1	—	3 0/0 1er janv.
14.741.000	80.80	2.800.000				1877	?	?	?	—	2 0/0 5 avril.

Du tableau qui précède il résulte que l'exercice de 1877 laissera un
bénéfice net de. . . . . Fr. 2.800.000
auquel il faut ajouter les arrérages des rentes 9.500.000

Total. . . . . Fr. 12.300.000
A déduire la perte des succursales 500.000

Il reste un bénéfice distribuable de. . . . . Fr. 11.800.000
ou 65 francs par action.

Il est probable que la répartition sera plus élevée. Ainsi déjà, fin
juin dernier, on a tiré de la réserve spéciale jusqu'à 5,700,000 francs,
ou 31 fr. 25 c. par action, afin de pouvoir payer 51 francs, impôt
déduit. C'est encore 34 francs de moins que pour le premier semestre
de 1876.

Ce chiffre élevé, ce déficit de 5,700,000 francs en six mois, surprend
au premier abord, mais il s'explique par les bruits de pertes qui cir-
culaient dans la presse financière au mois d'avril dernier (Crédit
Rural, Rueff et Cⁱᵉ, papier prorogé successivement, etc.). Le 18 mai
dernier, la Banque perdait aussi le procès entamé par elle contre l'État,
relativement aux 7,300,000 francs soustraits pendant la Commune.

Le lecteur aura remarqué que nous avons plus haut évalué la perte
des succursales à 500,000 francs; nous expliquons ce chiffre. On
sait que la Banque doit ouvrir au moins une succursale dans chaque
département; l'escompte ne produisant presque rien et les frais étant
considérables, le déficit s'accroît chaque année, ainsi que le prouvent
les chiffres donnés par la Banque elle-même :

En 1858, sur 45 succursales,	3 ont été en perte de Fr.	30.807
1869	61	— 11	—	126.169
1870	61	— 4	—	32.731
1871	61	— 2	—	19.468
1872	64	— 6	—	116.081
1873	65	— 3	—	25.413
1874	68	— 6	—	100.357
1875	74	— 20	—	374.477
1876	76	— 26	—	402.623
1877	78 ?	— 30 ?	—	500.000 ?
1878	90 ?	— ?	—	?

Le déficit progressif de 1875 et 1876 n'a pu surprendre, parce que l'escompte était défavorable. Celui-ci est en ce moment plus bas que jamais et le déficit, au lieu de n'être que de 500,000 francs, pourrait bien atteindre le double. Le côté fâcheux du grand nombre de succursales, dont 40 peut-être travailleront actuellement en perte, est que les risques de la Banque se sont proportionellement accrus. Pas plus tard qu'en janvier 1877, le Conseil avait à entretenir les actionnaires d'un acte d'infidélité. Le chiffre n'en fut pas divulgué et le rapport n'en disait que ceci : « Dans *deux* de nos *succursales* nous avons eu à déplorer de graves infidélités résultant de la négligence ou de la confiance excessive de deux directeurs. » Il est très-heureux que de pareilles déviations aient été fort rares jusqu'ici, mais les risques augmenteront à mesure qu'augmenteront les succursales. Au point de vue de la sécurité du titre et de l'action de la Banque, cette aggravation des risques produit un effet fâcheux, et elle se voit sur le point de se capitaliser désormais absolument au même taux que les banques privées courant les mêmes risques.

CONCLUSIONS.

Résumons maintenant les chiffres et arguments que nous venons de développer. Nous avons l'espoir qu'ils répondent à toutes les questions que l'on pourrait formuler relativement au passé, au présent et à l'avenir de la Banque de France ainsi que de la valeur de son action.

Pour l'exercice 1877, on a gagné net 65 francs. Ce que l'on répartira, nous l'ignorons ; l'action est à 3,000 francs.

Le Comptoir d'Escompte, fondé et administré sur les mêmes sages principes que la Banque, gagnera de nouveau net 40 francs pour 500 francs, et sans entamer sa réserve de 20,000,000 de francs. L'action vaut 650 francs, ce qui correspond, pour 65 francs de dividende, à un cours de 1,056 francs, au lieu de 3,000 francs. Le cours de 650 francs est un prix normal, car tout établissement financier doit se capitaliser, à raison de ses risques, entre 5 et 6 0/0 minimum.

L'action du *Crédit Industriel*, un établissement modèle, qui n'a aucune succursale, peut s'acheter pour 265 francs à raison de 18 francs de dividende, après 24 francs en 1872 à 75, c'est du 7 0/0.

Les *90 succursales* imposent à la *Banque de France* une plus forte réserve que par le passé. Elle dispose en ce moment des 26 millions de réserve *statutaire*, de 12 millions de réserve *spéciale* et de 7 millions de réserve pour effets prorogés, total : 45 millions pour 182,500,000 francs de capital nominal, soit 25 0/0. Le *Comptoir d'Escompte* possède tout autant, savoir : 20,000,000 de francs pour 80,000,000 de francs de capital versé. Le *Crédit Lyonnais* a mis en réserve 13,664,000 francs pour assurer le capital versé sur les actions de 37,500,000 francs soit 36 1/2 0/0. La *Société du Crédit Industriel* possède jusqu'à 7,000,000 francs de réserve, pour 15,000,000 francs de capital versé sur les actions, soit 46 2/3 0/0 ; aussi ses actions ne varient-elles jamais, si ce n'est pour s'améliorer sans cesse.

La prudence du Conseil de la Banque se trouve ainsi dépassée par les administrateurs de plusieurs banques privées, mais de fondation toute récente.

La Banque, si elle veut assurer la stabilité de la valeur du titre aura à choisir entre deux moyens :

Ou son Conseil continuera à répartir le dernier reste de la réserve spéciale, dans le seul but de grossir pour la dernière fois le dividende gagné net et sans se préoccuper si cette mesure diminuerait la confiance dans le titre ;

Ou bien le Conseil se décidera enfin à renoncer dès cet instant à entretenir plus longtemps les illusions que font naître des dividendes *répartis* mais *non gagnés*, et il conservera précieusement ces 12 millions pour les pertes imprévues.

Tout administrateur sensé et prudent choisira le dernier moyen.

Pour en expliquer la raison, est-il besoin de rappeler ici les détournements en 1876, les pertes en avril dernier, et enfin la terrible perte de l'année 1861 où le Portefeuille se trouvait détenteur de 27 millions de « papier grec » et dont la liquidation n'est pas encore terminée ? Avec le bénéfice réduit à 65 francs par action, comment la Banque supporterait-elle un sinistre comme celui de 1861 ? Qui prétendra qu'il n'y aura plus d'abus de confiance ou d'erreurs dans 90 succursales ? N'est-il donc pas prudent, n'est-il pas commandé, de tenir en réserve, pour parer à ces éventualités, les derniers 12 millions qui datent d'une époque exceptionnelle ?

En les distribuant, la Banque n'aurait plus que 33 millions de réserve, ou 18 0/0 du capital, c'est-à-dire, moins de la moitié des réserves du Crédit Industriel et du Crédit Lyonnais! Jusqu'où tomberait, dans ce cas, l'action de la Banque?

Il n'y a qu'un faux sentiment d'amour-propre qui puisse s'opposer à l'adoption d'une mesure aussi sage. On ne peut, semble-t-il, se séparer du cours élevé de l'action. Cependant, nous le répétons, tout est changé pour la Banque. Elle a actuellement 17 1/2 millions de frais et 14 1/2 millions de bénéfice sur les escomptes. Les frais sont de 50 francs par action plus élevés qu'en 1858, époque où l'on distribuait 114 francs, c'est-à-dire qu'ils sont à 64 francs aujourd'hui, mais l'escompte vaut moins. En 1868, les frais étaient de 42 francs par action ; en 1877 ils sont de 81 francs; on a réparti 90 francs en 1868, ce serait 51 francs pour 1877. Sur les 65 francs gagnés net en 1877, il y a 15 francs provenant du bénéfice exceptionnel (qui diminuera en 1878 et qui prendra fin en 1879) des 310 millions de Bons du Trésor. Il ne reste donc que 50 francs, ou exactement la proportion de 1858.

Pour pouvoir maintenir le cours de 3,000 francs, il faudrait que la Banque et ses quatre-vingt-dix succursales se lançassent dans des opérations dangereuses, afin de pouvoir gagner au moins 150 francs au lieu de 65 francs. Le fera-t-on ? Ce serait tenter le pire des remèdes.

Que le Conseil agisse plutôt résolûment, qu'il sacrifie un cours qu'il ne peut plus longtemps défendre, et qu'il ne se laisse plus distancer en prudence par les banques privées, dont les actions se capitalisent au taux normal de 5 3/4 0/0 (voir le tableau n° 1). Si la capitalisation de la Banque remonte à 4 0/0 et même à 5 0/0, où donc sera l'échec pour le Conseil qui, dans son dernier rapport, disait : « *La prudence et l'habileté des hommes ne peuvent lutter contre la puissance des faits;* » qui, dans le rapport de janvier 1875, écrivait ces paroles que nous nous permettons de lui rappeler une seconde fois :

Nos réserves sont sagement maintenues ; non dans la crainte exagérée de nouvelles *épreuves* que l'avenir, il faut l'espérer, ne nous infligera pas, mais au nom d'une prudence dont ne sauraient se départir les hommes éminents qui se font un devoir, comme un honneur, d'administrer et de sauvegarder les intérêts de la Banque de France.

Ces *faits*, ces *épreuves*, nous les avons exposés dans toute leur nudité, ainsi que le Conseil ne pouvait et n'aurait pu le faire. Nos chiffres sont les siens, nous les avons groupés de façon à lui mettre le doigt sur la plaie : augmentation des frais, absence de bénéfices rémunérateurs et insuffisance des réserves pour parer à l'imprévu au cas où l'on sacrifierait les derniers douze millions de la réserve spéciale.

Que l'on nous permette une dernière comparaison pour rendre notre démonstration évidente :

	1868 officiel	1877 évalué
Portefeuille.	414 et 494 M.	373 et 463 M.
Avances	110 et 129 M.	117 et 132 M.
Escompte	2 1/2 %	2 %

BÉNÉFICES :

		1868 officiel	1877 évalué
Effets.	Fr.	11.700.000	9.000.000
Trésor		—	3.000.000
Avances.		3.200.000	3.000.000
Divers		2.000.000	2.500.000
Rentes.		7.900.000	9.500.000
TOTAL DES BÉNÉFICES .	Fr.	24.800.000	27.000.000
Capital		182.500.000	182.500.000
Frais d'administration.		7.671.000	14.700.000
Bénéfice net sans les rentes		8.767.000	2.800.000
— avec les rentes		16.667.000	12.300.000
— réparti aux actions . .		16.425.000	?
— par action, 1er semestre		45 fr.	51 fr.
— — 2e —		45 fr.	?

Du bénéfice net : 12,300,000 en 1877, il faut encore déduire, au minimum, 500,000 francs pour pertes des succursales ; reste 11,800,000 francs, qui répartis entre 182,500 actions, laissent à chacune 65 francs au total par an, sans faire entrer en ligne de compte les pertes subies en avril ou autres.

Pour l'équivalent d'une action de la Banque, soit pour 3,000 francs, on peut, en ce moment, acheter 127 fr. 55 c. de rente 3 0/0 à 70 francs. *C'est plus que le double* de ce qu'aura gagné la Banque, en tenant compte des pertes. Ce placement en rente 3 0/0 ne peut qu'augmenter de valeur, parce que l'État n'emprunte plus, et c'est justement pourquoi l'action de la Banque se rapprochera infailliblement du cours de 1,500 francs au cas où l'escompte resterait à 2 0/0 environ, ainsi que c'est probable; 1,500 francs de capital employé en 3 0/0 au cours de 70 francs, produisent un intérêt invariable de 64 fr. 29 c. Est-il logique que la Banque de France, dont le Conseil *veut défendre l'action contre ces troubles rapides et profonds qui se font sentir trop souvent dans les valeurs de spéculation*, ainsi qu'il le disait en janvier 1873 et 1874, est-il logique, disons-nous, qu'un établissement financier exposé à des risques de toutes sortes, rapporte moins que la rente sur l'État, dont elle possède elle-même 9 millions de francs de rente, qu'elle partage entre ses actionnaires après leur avoir retenu de quoi rétribuer 2,000 employés ?

Si le passé a été très-fructueux pour les anciens actionnaires par suite de la quadruple augmentation du capital et des bénéfices exceptionnels faits sur les emprunts des anciens gouvernements et sur la liquidation de 1871, l'avenir, par contre, s'annonce désastreux pour ceux qui entreraient dans le titre aux cours actuels au lieu de faire comme la Banque elle-même, c'est-à-dire d'acheter des rentes 5 et 3 0/0, de préférence du 3 0/0. Ils doubleraient leur revenu et garantiraient en même temps leur capital.

L'exercice 1877 ne sera nullement suivi d'une brillante époque de dividendes exceptionnels comme celle qui suivit 1869. En ce moment, rien n'annonce ni une guerre, ni des embarras financiers dont profiterait la Banque.

Nous terminons ici ce rapide exposé, convaincu que le Conseil de la Banque lui-même nous saura gré d'avoir défini la situation de notre premier établissement telle qu'elle ressort des documents officiels. Lorsque l'action sera revenue à son cours normal, que l'on peut fixer désormais en toute vérité entre 1500 et 2000 francs, alors le Conseil se trouvera délivré de l'idée fixe de vouloir, à toute force, gagner 150 francs quand les circonstances ne lui assurent pas même la moitié. La capitalisation de l'action a varié entre 8.76 0/0 et 4 0/0, quelquefois 3 1/2 0/0. A raison d'une moyenne de 5 0/0, 75 francs de dividende qu'on n'est pas sûr de toucher, répondent à un cours de 1,500 francs seulement. L'action vaut actuellement environ 3000 francs, mais, en finance, les illusions ne tiennent jamais longtemps. Bien habiles les actionnaires de la Banque qui, les premiers, se rendront à la logique des chiffres.

On ignorait généralement la situation véritable et délicate de la Banque de France. Actionnaires, tuteurs et simples spectateurs sont maintenant à même de l'apprécier à leur gré, et au besoin, de prendre leurs précautions.

Paris, 1877.

St. SARTER.

IMPRIMERIE CENTRALE DES CHEMINS DE FER. — A. CHAIX ET C**, RUE BERGÈRE, 20, A PARIS. — 16196-7.

IMPRIMERIE CENTRALE DES CHEMINS DE FER. — A. CHAIX ET Cie, RUE BERGÈRE, 20, A PARIS. — 16200-7.

www.ingramcontent.com/pod-product-compliance
Ingram Content Group UK Ltd.
Pitfield, Milton Keynes, MK11 3LW, UK
UKHW022358120726
13694UKWH00005B/1959